优秀技术工人
百工百法丛书

孙希军工作法

车险科技理赔技术应用与服务

中华全国总工会 组织编写

孙希军 著

中国工人出版社

技术工人队伍是支撑中国制造、中国创造的重要力量。我国工人阶级和广大劳动群众要大力弘扬劳模精神、劳动精神、工匠精神，适应当今世界科技革命和产业变革的需要，勤学苦练、深入钻研，勇于创新、敢为人先，不断提高技术技能水平，为推动高质量发展、实施制造强国战略、全面建设社会主义现代化国家贡献智慧和力量。

——习近平致首届大国工匠创新交流大会的贺信

优秀技术工人百工百法丛书

编委会

优秀技术工人百工百法丛书

金融卷

编委会

序

党的二十大擘画了全面建设社会主义现代化国家、全面推进中华民族伟大复兴的宏伟蓝图。要把宏伟蓝图变成美好现实，根本上要靠包括工人阶级在内的全体人民的劳动、创造、奉献，高质量发展更离不开一支高素质的技术工人队伍。

党中央高度重视弘扬工匠精神和培养大国工匠。习近平总书记专门致信祝贺首届大国工匠创新交流大会，特别强调“技术工人队伍是支撑中国制造、中国创造的重要力量”，要求工人阶级和广大劳动群众要“适应当今世界科技革命和产业变革的需要，勤学苦练、深入钻研，勇于创新、敢为人先，不断提高技术技能水平”。这些亲切关怀和殷殷厚望，激励鼓舞着亿万职工群众弘扬劳模精神、劳动精神、工匠精神，奋进新征程、建功新时代。

近年来，全国各级工会认真学习贯彻习近平总书记关于工人阶级和工会工作的重要论述，特别是关于产业工人队伍建设改革的重要指示和致首届大国工匠创新交流大会贺信的精神，进一步加大工匠技能人才的培养选树力度，叫响做实大国工匠品牌，不断提高广大职工的技术技能水平。以大国工匠为代表的一大批杰出技术工人，聚焦重大战略、重大工程、重大项目、重点产业，通过生产实践和技术创新活动，总结出先进的技能技法，产生了巨大的经济效益和社会效益。

深化群众性技术创新活动，开展先进操作

法总结、命名和推广，是《新时期产业工人队伍建设改革方案》的主要举措。为落实全国总工会党组书记处的指示和要求，中国工人出版社和各全国产业工会、地方工会合作，精心推出“优秀技术工人百工百法丛书”，在全国范围内总结100种以工匠命名的解决生产一线现场问题的先进工作法，同时运用现代信息技术手段，同步生产视频课程、线上题库、工匠专区、元宇宙工匠创新工作室等数字知识产品。这是尊重技术工人首创精神的重要体现，是工会提高职工技能素质和创新能力的有力做法，必将带动各级工会先进操作法总结、命名和推广工作形成热潮。

此次入选“优秀技术工人百工百法丛书”作者群体的工匠人才，都是全国各行各业的杰出技术工人代表。他们总结自己的技能、技法和创新方法，著书立说、宣传推广，能让更多人看到技术工人创造的经济社会价值，带动更多产业工人积极提高自身技术技能水平，更好地助力高质量发展。中小微企业对工匠人才的孵化培育能力要弱于大型企业，对技术技能的渴求更为迫切。优秀技术工人工作法的出版，以及相关数字衍生知识服务产品的推广，将对中小微企业的技术进步与快速发展起到推动作用。

当前，产业转型正日趋加快，广大职工对于技术技能水平提升的需求日益迫切。为职工群众创造更多学习最新技术技能的机会和条件，传播普及高效解决生产一线现场问题的工法、技法和创新方法，充分发挥工匠人才的“传帮带”作用，工会组织责无旁贷。希望各地工会能够总结、命名和推广更多大国工匠和优秀技术工人的先进工作法，培养更多适应经济结构优化和产业转型升级需求的高技能人才，为加快建设一支知识型、技术型、创新型劳动者大军发挥重要作用。

中华全国总工会兼职副主席、大国工匠

高凤林

作者简介
About The Author

孙希军

1977 年出生，中国人民财产保险股份有限公司青岛市分公司理赔部车险分部经理，主要负责车辆定损与理赔审核等核心工作环节。

曾获得全国金融“五一劳动奖章”、第九届全国理赔技能大赛冠军等荣誉，体现了孙希军在保险理赔领域的专业技能实力。

孙希军所从事的主要领域是车险理赔，这不

仅需要对车辆技术有深入的了解，还需要精通保险条款和理赔流程。多年来，他凭借着扎实的专业知识、丰富的实践经验以及敏锐的洞察力，在行业内树立了卓越的口碑。他通过不断地创新和优化理赔工作方法，节省了大量的理赔成本。在传统的车险理赔模式中，流程烦琐、定损不准确等问题常常导致理赔成本居高不下。孙希军深入分析问题根源，引入先进的科技手段，对理赔流程进行全面优化，大大降低了不必要的理赔支出。同时，他致力提高理赔效率，缩短理赔周期，为客户提供更加优质、高效的理赔服务。此外，他还积极培养和带动年轻同事，将自己的专业知识和经验毫无保留地传授给他们，打造了一支高素质的车险理赔团队。

工/匠/寄/语

专注细节，成就非凡。
勇于创新，无限可能。

孙希军

目　　录
Contents

引 言
Introduction

在当今竞争激烈的保险市场中，车险理赔的高效性、准确性和公正性成为保险公司核心竞争力的重要体现。孙希军车险科技理赔工作法的诞生，犹如一颗璀璨的明星，为车险理赔领域带来了全新的变革和突破。孙希军车险科技理赔工作法是一种融合了先进科技与创新理念的理赔模式。它充分利用现代信息技术、人工智能、大数据分析、检测设备等前沿科技手段，对传统的车险理赔流程进行深度优化和再造。通过该工作法的应用，保险公司能够更加快速、准确地处理理赔案件，有效降低理赔成本，提升客户满意度，同时也为整个车险理赔行业的发展注入了新的活力。从经济效益方面来看，孙希军车险科技理赔工作法的应用为保险公司带来了显著的成本节约。通过精准定损、风险防控和流程优化，减少了不必要的理赔支出，提高了理赔资金的使用效率。同时，高效的理赔服务也吸引了更多的客户投保，为公司带来可观的业务增长和经济效益。在社会效益方面，该工作法的推广有助于提高整个车险理赔行业的服务水平和公信力。快速、准确的理赔服务能够及时为客户解决问题，减轻客户在事故后的经济负担和心理压力，促进社会的和谐稳定。此外，车险科技理赔工作法的应用也推动了保险行业与科技产业的深度融合，为科技创新在保险行业的应用提供了有益的借鉴。

第一讲

车险科技理赔设备介绍

一、车险科技理赔设备概述

1. 定义与分类

（1）检测与测量设备

检测与测量设备主要用于对受损物品进行检测和测量，以确定损失程度和原因。例如，在车险理赔中，可能使用到车辆故障检测仪、车身尺寸测量仪等设备。图 1 为理赔人员利用发动机免拆连杆测量仪，对遭受水淹的车辆发动机进行全

图 1　检测水淹车辆发动机现场

面检测。

（2）图像与视频采集设备

图像与视频采集设备包括高清相机、视频监控记录仪等，用于采集事故现场、受损物品的照片和视频资料，来作为理赔的依据。这些设备能够提供清晰、全面的现场信息，有助于快速准确地完成理赔流程。图 2 为理赔人员使用内窥镜设

图 2　使用内窥镜设备探查内部情况

备，细致地探查车辆内部的构造与状况，捕捉影像细节。

（3）数据分析与处理设备

计算机、服务器等数据分析与处理设备，在车险科技理赔中扮演着重要角色。它们能够对采集到的数据进行快速分析，识别异常值，计算损失金额，并生成理赔报告。这些设备的应用，使理赔过程更加科学、客观。

（4）其他辅助设备

包括通信设备（手机、对讲机等）和定位设备（GPS等）等，这些设备在理赔过程中也发挥着重要作用，能够确保信息的及时传递和位置的准确定位。

2. 车险科技理赔设备的作用

（1）事故现场快速响应

通过无人机、高清相机等设备，可以快速拍摄并传输事故现场照片和视频，为理赔人员提供及时、准确的现场信息，缩短理赔响应时间。

（2）精准定损评估

利用车辆故障检测仪、车身尺寸测量仪等专业设备，对受损车辆进行精确地检测和测量，确定损失程度和修复方案，提高定损的准确性和公正性。

（3）数据收集与分析

通过数据处理和分析设备，可以快速收集、整理和分析理赔数据，为理赔决策提供科学依据，同时优化理赔流程，提高理赔效率。

（4）提升客户体验

车险科技理赔设备的应用，使客户可以通过拍照、上传资料等方式自行提交理赔申请，无须现场等待或多次往返，提升客户的理赔体验感。

（5）风险预警与防控

通过对大量理赔数据的分析，可以发现潜在的风险因素和事故规律，为保险公司提供风险预警和防控的依据，降低整体风险水平。

二、主流车险科技理赔设备详解

1. 红外线测温仪

（1）概述

红外线测温仪是一种利用红外线技术进行温度测量的设备，如图 3 所示。它通过接收被测物体表面辐射的红外线能量，经过转换处理后显示出物体的温度。

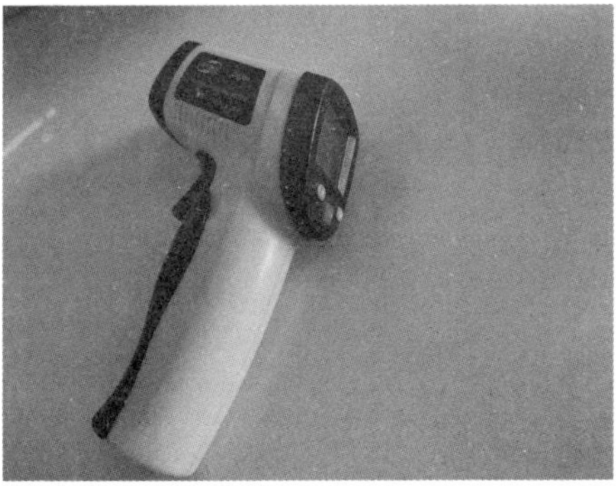

图 3　红外线测温仪

（2）特点

测量速度快，能够迅速捕捉到物体的温度变

化，将感知证据转化为数字证据保存。

（3）应用

用于检测车辆发动机的温度，结合温衰数据帮助判断车辆停驶时间，从而辅助判断事故发生时间。图 4 为理赔实务操作中使用测温枪测量发动机温度。

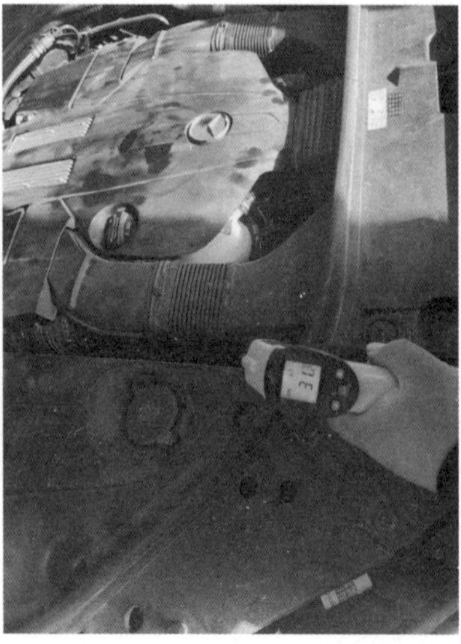

图 4　使用测温枪测量发动机温度

2. 高清数码内窥镜

（1）概述

高清数码内窥镜是一种利用电子成像技术，将物体内部情况以高清图像形式展现出来的设备。它通常由探头、成像系统和显示装置组成，如图 5 所示。

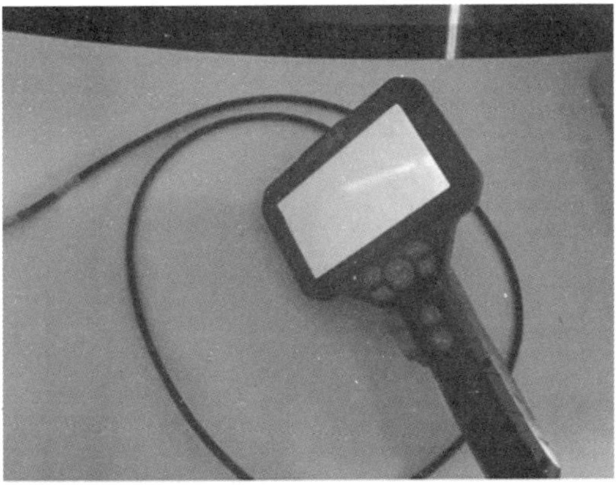

图 5　高清数码内窥镜

（2）特点

高清成像：提供清晰、细腻的图像，有助于

更准确地发现物体内部的损坏情况。

操作便捷：探头小巧灵活，能够深入难以触及的区域进行观察。

多功能性：部分内窥镜还具备录像、拍照等功能。

（3）应用

通过高清成像技术，检查车辆发动机、油箱、变速器等内部结构的损坏情况，为理赔提供直观的图像证据。图 6 为使用内窥镜检测车辆大

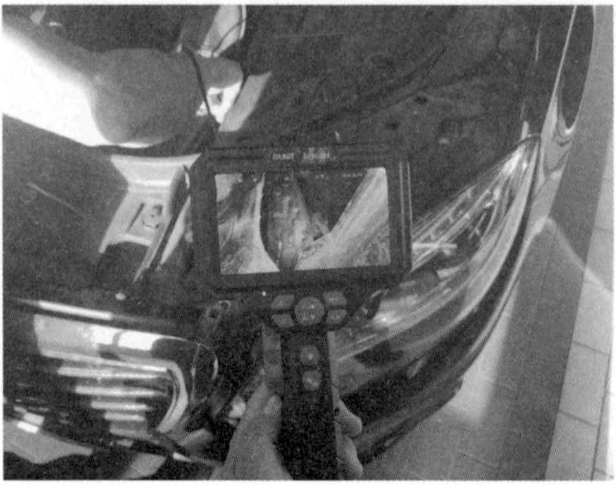

图 6　使用内窥镜检测车辆大灯内部情况

灯内部情况。

3. 电子听诊器

（1）概述

电子听诊器是一种利用电子技术将微弱的声音放大并传输到使用者耳朵的设备，其功能应用如图 7 所示。

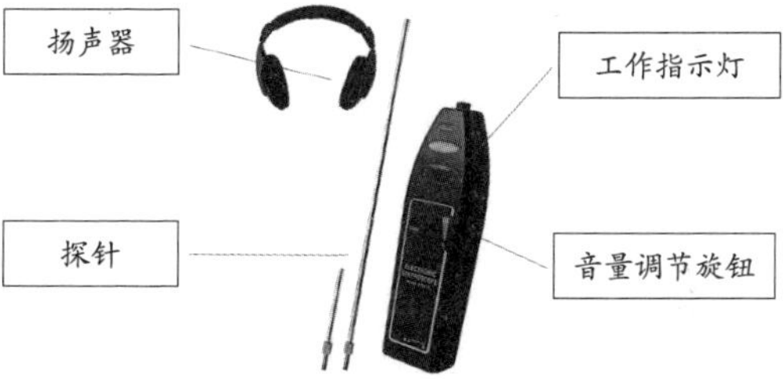

图 7　电子听诊器

（2）特点

灵敏度：能够捕捉到微弱的声音信号，提高诊断的准确性。

音质清晰：通过电子处理，使声音更加清

晰、真实。

多功能性：部分电子听诊器还具备录音、数字显示、无线传输等功能。

（3）应用

在某些特殊情况下，如在发动机、转向器异响诊断中可辅助判断故障源，为理赔提供参考。

4. VCX 云诊断仪

（1）概述

VCX 云诊断仪是一种基于云计算和远程通信技术的车辆故障诊断设备。它能够通过无线方式将车辆的诊断数据上传到云端服务器，由专业技师进行远程分析和诊断。

（2）特点

远程诊断：实现车辆故障的远程诊断和修复，提高维修效率。

数据共享：诊断数据可存储在云端，便于多用户共享和分析。

实时通信：支持技师与用户之间的实时通信，便于解决复杂问题。

（3）应用

通过无线连接云端服务器，实时传输车辆故障信息，由专业技师远程分析，快速定位故障，提高理赔处理效率。

5. AIT 智能诊断终端

（1）概述

AIT 智能诊断终端是一种集多种诊断功能于一体的智能设备，能够自动识别和诊断车辆的各种故障，如图 8 所示。

图 8　AIT 智能诊断终端

（2）特点

智能化：具备强大的数据处理和分析能力，能够自动诊断故障。

全面性：支持多种车型和系统的诊断，覆盖范围广。

便捷性：操作简便，能够快速定位和解决故障。

（3）应用

集成多种诊断功能，自动识别车辆故障码，提供详细的故障分析报告，帮助理赔人员快速了解车辆状况，提高理赔准确性。图 9 为使用 AIT 智能诊断终端读取车辆数据，以便判断车辆的受损情况。

6. X-431 芯理赔诊断仪

（1）概述

X-431 芯理赔诊断仪是一款专为车险理赔设计的诊断设备，能够快速准确地诊断车辆故障，为理赔提供依据，如图 10 所示。

图 9　使用 AIT 智能诊断终端读取车辆数据

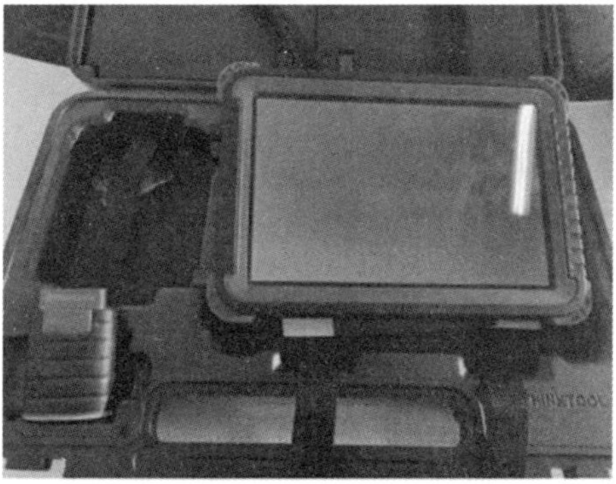

图 10　X-431 芯理赔诊断仪

（2）特点

针对性强：针对车险理赔的需求进行优化设计，满足理赔过程中快速诊断的需求。

准确可靠：提供准确的诊断结果，有助于减少理赔纠纷。

易于操作：操作界面简单明了，便于非专业人员使用。

（3）应用

专为车险理赔设计，能够快速诊断车辆故障，生成详细的诊断报告，为理赔人员提供科学的定损依据，同时简化理赔流程。图 11 为使用 X-431 芯理赔诊断仪诊断车辆故障。

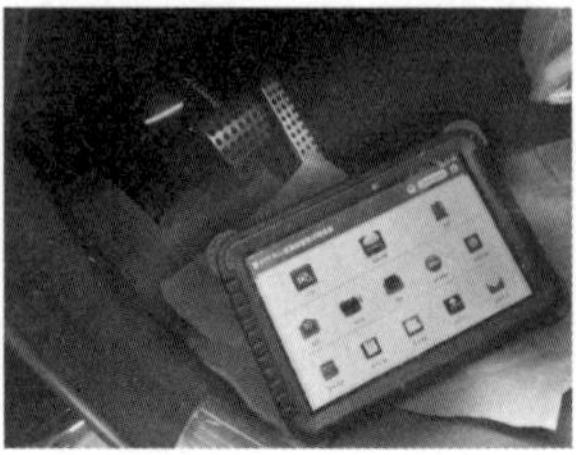

图 11　使用 X-431 芯理赔诊断仪诊断车辆故障

第二讲

孙希军车险科技理赔工作法概述

一、工作法核心理念

孙希军车险科技理赔工作法是一套综合性的车险理赔解决方案，它将科技与传统理赔流程紧密结合，实现了理赔工作的智能化、高效化和准确化。该工作法的核心在于利用先进的检测设备、数据分析软件和人工智能技术，对车险理赔案件进行全方位地处理。从事故现场勘查、车辆定损到理赔审核和支付，每个环节都充分发挥科技的优势，提高了工作效率和准确性。

二、工作法特点与优势

1. 智能化融合

在车险科技理赔的背景下，智能化融合成为推动理赔效率与质量双提升的关键。这一理念强调将科技元素深度融入传统理赔流程之中，通过智能化手段对各个环节的操作进行全方位优化。具体而言，即利用大数据、人工智能等前沿技术，实现理赔流程的数字化与自动化，从而大幅提升处理速度并减少人为错误。在车辆定损环节，智能化融合体现在利用高清数码摄像等技术，快速准确地捕捉车辆受损情况，并通过 AI 算法自动评估损失程度，大大缩短了定损时间，提高了定损精度。同时，结合大数据分析，可以对车辆维修历史、零部件价格等信息进行智能匹配，为理赔定价提供更加科学合理的依据。

在理赔审核环节，智能化融合则体现在利用自然语言处理、机器学习等技术，对理赔资料进行智能识别与审核，快速识别虚假赔付风险，有效防范欺诈行为。此外，通过智能客服系统，工作人员可以为客户提供 24h 不间断的在线咨询服务，解答理赔过程中的疑问，提升客户满意度。

2. 高效化流程

在事故现场勘查方面，采用无人机、测温仪、AIT 智能诊断终端等先进设备，迅速获取事故现场第一手资料，减少勘查人员到场时间，在第一时间掌握灾害损失情况，快速开展理赔工作。图 12 为理赔人员检测水淹车情况现场。

图 12 理赔人员检测水淹车情况现场

在车辆定损方面，依托 AIT、X-431 等智能检测设备，可以快速准确地评估车辆损失情况，缩短定损周期。图 13 为使用 X-431 芯理赔诊断仪检查汽车电器故障，出具诊断报告。

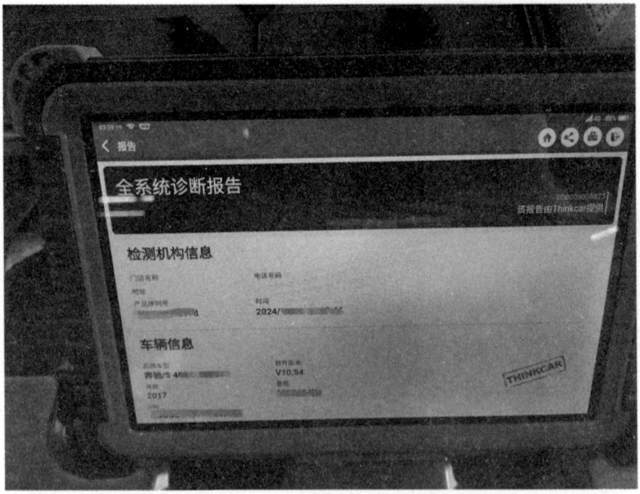

图 13　X-431 芯理赔诊断仪诊断报告示例

在理赔审核方面，自动化审核系统结合风险管控规则、反渗漏系统，对理赔申请进行高效审核，减少人工干预，提高审核速度。

3. 准确化判断

数据分析软件对海量理赔数据进行深度挖掘，识别潜在欺诈风险，提高理赔准确性。人工智能技术辅助判断车辆损伤程度、维修费用等，确保定损结果的公正性与合理性。图 14 为 X-431 芯理赔诊断仪传回的车辆故障信息。

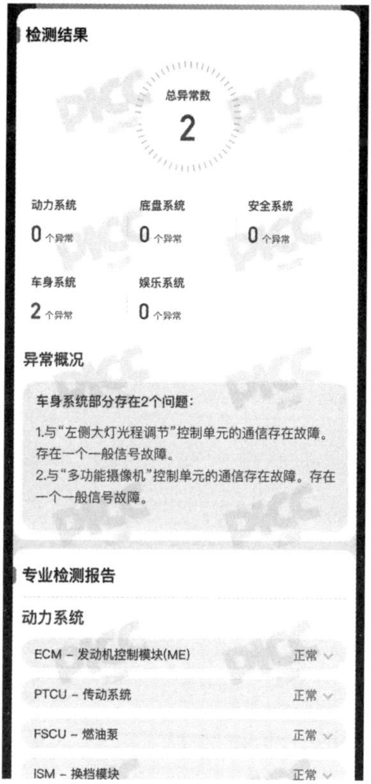

图 14　X-431 芯理赔诊断仪传回诊断报告示例

4. 全方位服务

在实施科技理赔的过程中，本工作法致力为客户提供从报案到结案的全程线上化、透明化理赔服务体验。这意味着，无论客户身处何地，只需通过移动应用程序等在线服务，就能轻松完成报案流程。系统会自动记录报案时间、地点、事故概况等关键信息，并即时推送给后续处理团队，确保案件得到迅速响应。

为了确保理赔过程的透明度，本工作法采用了先进的信息化管理系统，客户可以随时登录系统查看案件处理进度、定损结果、审核状态等关键信息。同时，客户的反馈对于提升服务质量具有非常重要的作用。因此，本工作法建立了完善的客户反馈机制，包括在线评价、电话回访、意见箱等多种渠道，鼓励客户对理赔服务提出宝贵的意见和建议。通过对每一条反馈信息进行认真记录和分析，从中找出服务中的不足与改进空间，并据此不断优化理赔流程，提升服务效率与质量。

5. 持续创新

本工作法始终秉持着前瞻性的视野，紧跟全球科技发展的最新趋势。科技理赔工作需积极引入新技术、新设备，无论是人工智能、大数据分析等前沿技术，还是高精度检测设备、无人机等先进工具，都被适时引入工作法来应用。通过持续不断地学习与实践，以及积极参与各类竞赛活动，孙希军不断完善科技理赔这一重点工作，从而显著提升了自身的专业技能与团队的整体协作能力。在引入新技术的同时，孙希军车险科技理赔团队更加注重创新能力的培养，鼓励团队成员敢于挑战传统，勇于探索未知，通过头脑风暴、项目实践等方式，不断激发创新思维和创造力。

此外，为了促进科技理赔业务的不断发展，孙希军车险科技理赔团队逐渐扩大，致力培养一支高素质、专业化的人才队伍。通过定期举办培训班、研讨会、案例分享会等活动，不断提升团队成员的专业技能和综合素质。同时，团队积极与外部科技机构合作，共同开展科技理赔领域的研究与探索，为行业培养更多的专业人才。

三、工作法实施步骤

1. 前期准备与规划

（1）明确目标与需求

目标设定：在科技理赔的前期准备阶段，首要任务是依据公司的长期发展战略，明确科技理赔工作的具体目标。例如，通过引入先进科技手段，旨在显著提升理赔处理的效率，缩短客户的等待时间；减少由人为操作失误导致的错误赔付，提高理赔准确性；利用大数据和人工智能技术，加强欺诈风险的防范措施，保障公司利益。这些目标的设定要与公司整体战略紧密契合，确保科技理赔项目能够助力公司长远发展。

需求分析：在明确目标的基础上，要深入剖析当前理赔流程中的痛点与瓶颈。这包括收集来自一线理赔人员、客户以及合作伙伴的反馈信息，了解他们在理赔过程中遇到的困难与问题。通过问卷调查、访谈、数据分析等多种方式，全面梳理理赔流程中的改进需求点。这些需求点可能涉及理赔流程的简化、信息获取的便捷性、赔付速度的提升等多个方面，为后续的技术选型与实施提供重要依据。

（2）技术调研与选型

市场调研：针对明确的需求点，开展广泛的市场调研，考察当前市场上可用的技术工具和服务提供商。这包括但不限于AIT智能诊断终端，用于快速准确地识别故障；高清数码内窥镜，用于提升现场勘查的精度与效率；基于大数据和人工智能的欺诈检测系统等。通过对比不同产品的性能、价格、售后服务等，筛选出潜在的合作对象。

技术评估：在技术调研的基础上，对各项技术和设备进行全面地评估。这包括考察其适用场景是否与理赔流程相匹配，成本效益是否合理，以及是否存在潜在的风险点（如数据安全问题）。通过专家评审、试点测试等方式，确保所选技术能够切实满足理赔流程的需求，同时符合公司的长远发展规划。

（3）组织架构与资源配置

组织结构调整：根据科技理赔项目的需求，对公司现有的组织架构进行调整或增设相应的部门和岗位。例如，增设科技理赔部门，负责技术的引进、应用与维护；在理赔流程中增设科技支持岗位，为一线理赔人员提供技术支持与指导。这些调整旨在确保科技理赔项目能够顺利推进，并在公司内部形成有效的协同机制。

资源分配：在组织架构调整的基础上，合理分配人力、物力和财力资源。这包括为新增部门和岗位配备足够的人力资源，确保项目团队能够高效运作；为技术设备的采购、维护与升级提供必要的物力支持；为科技理赔项目提供必要的资金支持，确保技术引进与应用的顺利进行。通过资源的合理配置，确保科技理赔项目能够顺利推进并取得预期成效。

2. 标准化作业流程建立

（1）流程梳理与优化

现有流程分析：在现有流程分析阶段，理赔团队对现有的理赔流程进行详细地记录和分析。这一步骤至关重要，因为它能帮助理赔人员深入理解整个理赔流程，识别出其中存在的冗余环节和效率低下之处。理赔人员可以采用多种方法，如流程图绘制、时间节点追踪等，来全面剖析现有流程，确保不遗漏任何一个细节。

流程优化：基于对现有流程的全面分析结果，理赔团队可以重新设计理赔流程。优化的目标是简化不必要的步骤，消除烦琐的操作，同时增加自动化处理环节，以提高整体效率。通过引入先进的科技手段，如人工智能、大数据分析等，实现理赔流程的智能化和自动化，为客户提供更加高效、便捷的理赔服务。

（2）制定标准化操作手册

操作指南编制：为确保理赔流程的标准化和规范化，理赔团队可以编写详细的标准化操作手册。这本手册明确了每一步骤的操作标准和注意事项，确保每个理赔案件都能按照统一的标准进行处理。理赔团队对每一个操作环节都进行详细地描述和说明，包括所需的文件、表格、时间节点等，以确保理赔流程的准确性和一致性。

培训与宣导：对相关人员进行标准化流程的培训，确保每个人都清楚自己的职责范围和执行标准。制定标准化操作手册只是第一步，关键在于确保相关人员能够熟练掌握并执行这些标准。因此，理赔团队对相关人员进行标准化流程的培训，通过课程讲解、实操演练等方式，帮助他们深入理解并熟练掌握新的理赔流程。同时，理赔团队通过内部会议、宣传栏等多种渠道进行宣导，确保每个人都清楚自己的职责范围和执行标准。

（3）试点运行与反馈收集

小范围试点：选取部分理赔案例进行试点运行，以检验标准化流程的实际效果。为了确保标准化流程的有效性和可行性，理赔团队选取部分理赔案例进行试点运行。这一步骤的目的是在实际操作中检验标准化流程的效果，发现可能存在的问题和不足之处，然后密切关注试点运行的进展和结果，及时进行调整和优化。

收集反馈：通过调查、面谈等方式收集一线

理赔员工使用标准化流程的意见和建议，为后续改进提供依据。试点运行结束后，理赔团队通过调查、面谈等方式收集一线理赔员工的意见和建议。这些反馈提供了宝贵的参考信息，帮助理赔团队更好地了解标准化流程在实际操作中的表现和问题所在。理赔团队听取每一位员工的意见和建议，并进行深入分析和研究，为后续改进提供依据和方向。

3. 实现可持续化优化

（1）培训与推广

员工培训：为了确保理赔流程的高效与准确，理赔团队对涉及理赔流程的所有员工进行全方位的技术培训。培训内容包括理赔实务的操作流程、功能特点以及常见问题的解决方法，旨在提升员工对理赔工作的熟练度和应用能力。图 15 展现了科技理赔团队进行实务操作技术培训的场景。

图 15　科技理赔团队实务操作技术培训现场

客户教育：为了提升客户对新型理赔方式的认知度和接受度，理赔团队通过多种渠道向客户介绍新的理赔方式，包括线上线下的宣传、客服人员的详细讲解以及理赔流程的演示等，让客户更加了解并信任新的理赔方式。

优秀案例推广：建立完善的反馈机制，收集优秀科技理赔案例进行推广。为了充分发挥科技理赔的优势，理赔团队建立完善的反馈机制，积极收集并筛选优秀的科技理赔案例。通过内部培训、外部宣传等多种方式，对这些案例进行广泛推广，以树立公司的良好形象并提升客户的信任度。图 16 为理赔人员在高校的宣讲现场。

图 16　理赔人员在高校的宣讲现场

（2）监察与风控

监控与维护：定期检查科技理赔设备的运行状况，及时解决出现的问题。为了确保科技理赔设备的稳定运行，要定期对科技理赔设备进行全面地检查与维护，包括设备的性能测试、数据备份与恢复、安全防护等方面的检查，及时发现并解决可能出现的问题，确保理赔流程的顺畅进行。

持续优化：根据实际运行情况不断调整优化策略，引入最新的科技成果。为了不断提升科技理赔的效率和准确性，要根据实际运行情况不断调整优化策略。通过引入最新的科技成果、改进现有流程、提升系统性能等方式，不断推动科技理赔技术的升级与迭代。

风险管理：定期和不定期抽检各环节的科技理赔流程，识别潜在的风险点，提前采取预防措施。为了降低科技理赔流程中的潜在风险，通过定期和不定期地对各环节进行抽检，深入分析理赔流程中的各个环节，识别可能存在的风险点，并提前采取预防措施进行干预，确保理赔流程的安全与稳定。

第三讲

车险科技理赔工作法的应用

一、在定损环节的应用

1. 传统定损方式的局限

在传统车险理赔的体系中，定损环节作为核心步骤之一，长期以来面临着诸多挑战与不足。其中，最为显著的问题便是过度依赖人工经验进行定损评估。这种方式在一定程度上依赖于定损人员的专业素养和实践经验，不可避免地会受到主观判断、情绪波动以及个人经验局限性的影响，从而增加了定损结果的误差率和争议性。

首先，人工定损的效率低下是显而易见的。在面对复杂的车辆损伤情况时，定损人员需要逐一检查、记录并评估每一处损伤，这一过程不仅耗时费力，而且难以迅速应对大规模或紧急的理赔需求。此外，由于每位定损人员的处理速度和工作节奏存在差异，进一步增加了理赔时效的不确定性。

其次，定损结果的不一致性也是一个亟待解

决的问题。由于定损人员的专业水平和经验背景各不相同，他们在面对相同或类似的车辆损伤时，可能给出截然不同的定损结论。这种差异不仅可能导致保险公司内部的管理混乱，还可能引发客户对理赔结果的不满和质疑，进而损害保险公司的信誉和形象。

再次，传统车险理赔流程的烦琐性也是不容忽视的。整个理赔过程往往涉及多个部门和环节的协同作业，包括报案、查勘、定损、核赔、支付等多个阶段。在这些阶段，信息的传递和共享往往不够及时和准确，容易导致理赔周期的延长和客户满意度的下降。特别是当某些环节出现延误或瓶颈时，整个理赔流程就会陷入停滞或混乱状态，给客户带来不必要的困扰和损失。

最后，传统车险理赔中的定损过程及整体流程存在明显的不足和弊端。为了解决这些问题并提升客户满意度，保险公司需要积极探索并引入更加高效、准确和透明的理赔方式和技术手段。而本工作法正是针对这些痛点提出的创新解决方案。

2. 科技理赔在定损环节的应用与实施效果

（1）科技检测设备

采用先进的检测设备，如车辆故障诊断仪、三维扫描仪等，对事故车辆进行全面检测。这些设备能够快速、准确地获取车辆损伤数据，为定损提供科学依据。例如，三维扫描仪可以对事故车辆进行高精度的扫描，生成三维模型，清晰地展示车辆的损伤部位和程度，避免了人工检查的遗漏和误判。图 17 为在日常理赔操作中常用的科技检测设备。

（2）数据分析软件

通过对大量理赔案例的数据分析，找出理赔风险点和欺诈行为。例如，分析软件可以根据车辆的历史理赔记录、事故类型、损伤部位等因

图 17　常用的科技检测设备

素，判断理赔案件的真实性和合理性，及时发现欺诈行为，降低理赔风险。

在科技理赔工作的实施过程中，通过构建强大的数据分析体系，对海量理赔案例进行深度挖掘与分析。这一过程不仅旨在揭示理赔过程中的潜在规律，更核心的目的是精准识别出理赔风险点和欺诈行为，从而有效提升理赔的精准度和安全性。具体而言，分析软件能够全面而细致地审视每一份理赔案例，它首先会综合考虑车辆的历史理赔记录，通过时间跨度、赔付金额、事故频率等多个维度，评估车辆是否存在异常理赔模式。同时，它还会深入分析事故类型，如是否为高发事故类型、事故场景是否合理等，以及车辆的损伤部位、损伤程度与事故描述的匹配度，进一步验证事故的真实性和可信度。

在此基础上，分析软件能够自动进行风险评级和欺诈预警。对于那些存在疑点或不符合常规模式的理赔案件，系统会立即标记并提示进一步调查。通过这样的智能化筛查，能够迅速锁定潜在的欺诈行为，有效减少因欺诈导致的理赔损失。

（3）智能化审核流程

通过引入人工智能技术，可以实现自动定损和理赔审核。人工智能算法可以根据检测设备获取的车辆损伤数据和数据分析软件提供的风险评估结果，快速给出定损方案和理赔审核意见。例如，通过深度学习算法，人工智能系统可以识别出不同类型的车辆损伤，自动估算维修费用，大大提高了定损的效率和准确性。

自动定损大大提高了定损的准确性和公正性。先进的检测设备和数据分析软件为定损提供了科学依据，减少了人工经验带来的误差和争议。人工智能技术的应用使定损结果更加客观、准确，避免了人为因素的干扰，简化了理赔流程，缩短了理赔周期。自动定损和理赔审核减少了人工操作环节，提高了工作效率。信息传递更加及时、准确，各部门之间的协作更加顺畅，有效缩短了理赔周期，提升了客户满意度。

二、在评估车辆维修成本中的应用

1. 传统维修成本评估方法的局限

在车险理赔的维修成本评估环节，传统的方

法往往过度依赖维修厂的报价以及定损人员的个人经验，这样的评估体系存在显著的局限性和不确定性。首先，市场价格的波动性对维修成本的评估构成了直接影响。随着材料成本、人工成本以及市场供需关系的不断变化，维修厂提供的报价也会波动。这种波动性使保险公司难以准确掌握维修成本的真实情况，从而增加理赔成本的不确定性和风险。其次，人为因素也是导致维修成本评估不准确的重要原因之一。定损人员的经验、技能、判断力以及职业操守等都会对评估结果产生重要影响。如果定损人员缺乏足够的经验或技能，或者受到其他人为因素的干扰（如利益诱惑、关系网络等），就可能导致评估结果偏离实际情况，造成保险公司和客户之间的利益冲突和矛盾。

除了维修成本评估的不准确性，维修过程中的质量控制也是保险公司需要面对的一个重要问题。维修厂作为维修服务的提供者，其维修质量和效率直接影响客户满意度。然而，在实际操作中，维修厂可能为了追求利润最大化而采取不规范的维修方式或使用低质量的配件，从而损害客户的利益和保险公司的信誉。因此，如何确保维修厂按照既定的标准和规范进行维修，保证维修质量和效率，成为保险公司需要重点解决的问题之一。

2. 科技理赔在维修成本评估中的应用与实施效果

（1）建立车辆维修成本数据库

收集不同车型、不同损伤程度的维修成本数据，通过数据分析，制定合理的维修成本标准。例如，根据车辆的品牌、型号、年份、损伤部位等，确定不同维修项目的价格区间，为维修成本评估提供参考。数据库的建立提升了车辆维修成本评估的准确率，整体理赔成本得到控制。

（2）与维修厂开展合作并进行监督

与维修厂建立合作关系，对维修过程进行监督。保险公司可以与信誉良好的维修厂签订合作协议，明确维修标准和质量要求。通过安装监控设备、定期检查等方式，对维修过程进行实时监督，确保维修质量和成本控制。合作维修厂的建立，为维修成本评估提供了科学依据，减少了不合理的维修费用支出。

（3）实现维修成本动态监控

利用科技手段对维修成本进行动态监控。例如，通过物联网技术，将维修厂的设备与保险公司的理赔系统连接起来，实时获取维修进度和成本支出信息。一旦发现异常情况，便可及时进行调整和干预。动态监控体系保证了维修质量，提高了客户满意度。对维修过程的监督确保了维修厂按照标准进行维修，提高了维修质量，减少了客户的后顾之忧。

三、在反欺诈环节的应用

1. 车险理赔中保险欺诈的现状与危害

近年来，随着汽车保有量的不断增加，车险理赔案件的数量也在增长，这给不法分子提供了更多的欺诈机会。常见的欺诈手段包括故意制造事故、夸大损失程度、伪造文件资料等。这些欺诈行为给保险公司带来了巨大的经济损失。

保险欺诈的危害包括：

（1）经济损失

欺诈行为直接导致保险公司赔付金额增加，严重时甚至会影响公司的财务稳定性。

（2）市场信任度下降

频繁发生的欺诈事件会降低公众对保险产品的信任度，影响整个行业的形象和发展。

（3）正常客户的保费上涨

为了弥补因欺诈产生的损失，保险公司可能会提高保费，最终转嫁给所有投保人。

2. 传统反欺诈手段的局限

（1）依赖人工审核

在传统的理赔流程中，反欺诈主要依靠人工审核的方式。这种方式效率低且容易出错。审核人员面对大量的理赔申请时，很难做到逐一细致的核查。

（2）数据孤岛现象

不同部门之间的数据不互通，使信息难以整合，增加了识别欺诈行为的难度。此外，缺乏有效的数据共享机制也降低了识别反欺诈的效率。

（3）技术手段落后

传统的反欺诈技术往往依赖规则引擎和简单的统计方法，对于复杂的欺诈模式难以进行有效识别。

3. 科技理赔在反欺诈中的应用与实施效果

（1）建立反欺诈数据分析模型

利用大数据分析技术，对理赔数据进行深度挖掘，找出欺诈行为的特征和规律。例如，通过分析车辆事故的时间、地点、损伤情况、理赔金额等因素，建立欺诈风险评估模型，对理赔案件进行风险评估，有效识别和防范车险欺诈行为，降低保险公司的经济损失。反欺诈数据分析模型和人工智能技术的应用，能提高欺诈行为的识别能力，减少欺诈案件的发生。

（2）加强与公安、交通等部门的合作

共享信息资源，联合打击车险欺诈行为。例如，与公安部门合作，对涉嫌欺诈的案件进行调查和处理，加大欺诈行为的查处力度。

（3）引入人工智能技术进行欺诈识别

人工智能算法可以自动分析理赔数据，识别潜在的欺诈行为。例如，通过机器学习算法，人工智能系统可以学习欺诈行为的模式和特征，自动识别可疑的理赔案件，提高反欺诈的效率和准确性，同时提高理赔效率。通过快速识别欺诈行为，减少不必要的调查和处理时间，提高理赔工作的整体效率。

第四讲

车险科技理赔工作法的创新之处

一、创新方法概述

本工作法的创新之处在于将科技手段与传统理赔流程相结合，实现了理赔工作的智能化、高效化和准确化。本工作法以客户需求为导向，以科技创新为动力，不断探索和优化车险理赔模式，为客户提供更加优质、便捷的理赔服务。

二、创新步骤

1. 问题调研与分析

对传统车险理赔流程中存在的问题进行深入调研和分析，找出影响理赔效率和准确性的关键因素。通过与客户、理赔人员、维修厂等各方进行沟通和交流，了解他们的需求和痛点，为创新方法提供依据。

2. 技术选型与方案设计

结合科技发展趋势和行业实际情况，选择适合的科技手段和技术方案。例如，根据车险理赔的特点和需求，选择先进的检测设备、数据分析软件、人工智能技术等，并设计出具体的应用方案和流程。

3. 技术研发与测试

组织专业技术团队进行技术研发和测试，不断优化和完善创新方法。在研发过程中，注重与实际业务的结合，确保技术方案的可行性和有效性。通过模拟测试、实地测试等方式，对创新方法进行全面验证，及时发现问题并进行改进。

4. 应用推广与效果评估

将创新方法应用于实际理赔工作中，并进行效果评估和改进。通过收集客户反馈、分析理赔数据等方式，评估创新方法的实施效果，及时调整和优化技术方案，不断提高理赔服务质量和水平。

三、创新效果

1. 提高理赔效率和准确性

通过科技手段的应用，实现了自动定损、理赔审核等功能，大大提高了理赔工作的效率和准确性，减少了人工操作环节，降低了人为因素带来的误差和风险。

2. 降低理赔成本

精准定损和风险防控减少了不必要的理赔支出，与维修厂的合作和成本控制措施降低了维修成本。同时，高效的理赔服务吸引了更多的客户投保，为保险公司带来业务增长和经济效益。

3. 提升客户满意度

快速、准确的理赔服务为客户解决了问题，减轻了客户在事故后的经济负担和心理压力。同时，创新方法的应用也提高了理赔服务的透明度和公正性，增强了客户对保险公司的信任和满意度。

4. 推动行业发展

科技理赔工作法的创新应用为整个车险理赔行业的发展提供了有益的借鉴和示范，促进了保险行业与科技产业的深度融合，推动了车险理赔模式的创新和升级。

后 记

作为一名车险理赔工作者，我深感自豪和责任重大。在多年的工作过程中，我始终坚持以客户为中心，不断探索和创新理赔工作方法，努力为客户提供更加优质、高效的理赔服务。

从纯技术角度来看，车险科技理赔工作法的应用，为车险理赔带来了革命性的变化。先进的检测设备、数据分析软件和人工智能技术的应用，提高了定损的准确性和效率，为公司节约了大量成本。同时，为客户提供了更加客观、公正的理赔服务，提升了客户满意度。

从学习成才角度来看，我深知学习是不断进步的源泉。在科技发展日新月异的今天，只有不断学习新的知识和技能，才能跟上时代的步伐。通过参加培训、阅读专业书籍、与同行交流等方式，我不断提升自己的专业水平和综合素质。在实践中，我勇于尝试新的技术和方法，不断总结经验教训，逐渐成长为一名专业的车险理赔工作者。

从工匠精神传承与弘扬角度来看，我将继续发扬工匠精神，不断追求卓越。工匠精神是一种对工作的执着和热爱，是一种对品质的追求和坚守。在车险理赔工作中，我将以严谨的态度、精湛的技术，为客户提供最优质的服务。同时，我也希望更多的人能够传承和弘扬工匠精神，共同推动车险理赔行业的发展。

最后，我要感谢国家和企业对我的培养和支持。国家的政策支持和企业的平台建设，帮助我取得了今天的成绩。我将继续努力，为企业的发展作出更大的贡献。我相信，在科技的引领下，车险理赔工作将不断地创新和发展，为客户提供更加优质、便捷的服务，为社会的和谐稳定作出更大的贡献。

孙希军

2024 年 8 月

图书在版编目（CIP）数据

孙希军工作法：车险科技理赔技术应用与服务 / 孙希军著. -- 北京：中国工人出版社, 2024.11. -- ISBN 978-7-5008-8544-3

Ⅰ. F842.63

中国国家版本馆CIP数据核字第2024FK6691号

孙希军工作法：车险科技理赔技术应用与服务

出 版 人　董　宽
责任编辑　孟　阳
责任校对　张　彦
责任印制　栾征宇
出版发行　中国工人出版社
地　　址　北京市东城区鼓楼外大街45号　邮编：100120
网　　址　http://www.wp-china.com
电　　话　（010）62005043（总编室）
　　　　　（010）62005039（印制管理中心）
　　　　　（010）62379038（职工教育编辑室）
发行热线　（010）82029051　62383056
经　　销　各地书店
印　　刷　北京市密东印刷有限公司
开　　本　787毫米×1092毫米　1/32
印　　张　2.875
字　　数　35千字
版　　次　2024年12月第1版　2024年12月第1次印刷
定　　价　28.00元

优秀技术工人百工百法丛书

第一辑　机械冶金建材卷

优秀技术工人百工百法丛书

第二辑　海员建设卷

优秀技术工人百工百法丛书

第三辑　能源化学地质卷

100 ARTISANS AND 100 TECHNIQUES SERIES
孙同根工作法
S Zorb装置优化
100 ARTISANS AND 100 TECHNIQUES SERIES
王月鹏工作法
基于绝缘平台的绝缘杆作业法
100 ARTISANS AND 100 TECHNIQUES SERIES
王跃工作法
滴定分析的判断与控制
100 ARTISANS AND 100 TECHNIQUES SERIES
杨新海工作法
车载移动测量技术在实景三维成果质量检验中的应用
100 ARTISANS AND 100 TECHNIQUES SERIES
杨义兴工作法
油田修井现场清洁生产技术应用
100 ARTISANS AND 100 TECHNIQUES SERIES
游弋工作法
煤矿供电系统防晃电设计与应用
100 ARTISANS AND 100 TECHNIQUES SERIES
余姝工作法
高陡峡谷区地质灾害调勘查

优秀技术工人百工百法丛书

第四辑　国防邮电卷

优秀技术工人百工百法丛书

第五辑　财贸轻纺烟草卷